DE

LA NULLITÉ D'UNE CLAUSE

actuellement insérée

DANS

LES BAUX A DOMAINE CONGÉABLE

EN BRETAGNE

PAR

L. DENISSE

Docteur en droit,
Avocat à la Cour d'appel.

EXTRAIT DE LA *Revue critique de législation et de jurisprudence*.

Prix : 1 fr. 50

PARIS

LIBRAIRIE COTILLON

F. PICHON, SUCCESSEUR, IMPRIMEUR-ÉDITEUR,

Libraire du Conseil d'Etat et de la Société de législation comparée

24, RUE SOUFFLOT, 24.

—

1893

DE

LA NULLITÉ D'UNE CLAUSE

ACTUELLEMENT INSÉRÉE

DANS

LES BAUX A DOMAINE CONGÉABLE

EN BRETAGNE

DE

LA NULLITÉ D'UNE CLAUSE

actuellement insérée

DANS

LES BAUX A DOMAINE CONGÉABLE

EN BRETAGNE

PAR

L. DENISSE

Docteur en droit,
Avocat à la Cour d'appel.

EXTRAIT DE LA *Revue critique de législation et de jurisprudence.*

PARIS

LIBRAIRIE COTILLON

F. PICHON, SUCCESSEUR, IMPRIMEUR-ÉDITEUR,

Libraire du Conseil d'Etat et de la Société de législation comparée

24, RUE SOUFFLOT, 24.

1893

DE

LA NULLITÉ D'UNE CLAUSE

actuellement insérée

DANS

LES BAUX A DOMAINE CONGÉABLE

EN BRETAGNE

De toutes les nombreuses tenures, variant avec les provinces, qui existaient dans notre ancien droit, une seule a été conservée par les lois de notre droit intermédiaire, et est encore aujourd'hui en usage en Bretagne, c'est le bail à domaine congéable.

Dans ce bail à domaine congéable, le concessionnaire ou domanier acquiert la propriété des édifices, c'est-à-dire de toutes les constructions, et sauf distinctions, des plantations se trouvant sur le fonds; le propriétaire foncier ne conservant que la propriété du sol. A l'expiration du bail, la propriété des édifices revenant au propriétaire foncier, celui-ci doit en rembourser la valeur au domanier; il a de tout temps été admis que ce remboursement doit se faire suivant estimation à dire d'experts.

Le propriétaire foncier peut toujours renvoyer, quand il lui plaît, le domanier, cependant il peut s'engager envers lui à ne pas le renvoyer pendant un certain nombre d'années; la plupart des *usances*, celles de Cornouailles, Brouerec, Vannes, etc., prévoyaient expressément cette hypothèse. Quand le propriétaire foncier donne ainsi au domanier une assurance de le garder pendant un certain laps de temps, celui-ci lui paye en retour de cet engagement une finance appelée *commission* ou *nouveauté*.

Quant au domanier, d'après les anciens usements, il ne pouvait jamais demander le *congément* ou cessation du bail; il n'avait que le droit *d'exponse*, c'est-à-dire de déguerpir, en faisant abandon au fermier de la propriété de ses édifices.

Ce bail à domaine congéable n'est qu'une variété des diverses combinaisons que l'on avait imaginées, dans notre ancien droit, pour mettre les terres en exploitation; et qui presque toutes présentaient ce double caractère : d'être perpétuelles et d'emporter un dédoublement de la propriété. Le tenancier avait un droit réel sur la terre qu'il occupait; la propriété de cette terre se trouvait plus ou moins partagée entre lui et le propriétaire qui la lui avait concédée, et le contrat qui avait ainsi dédoublé la propriété était perpétuel.

De ces tenures, les unes avaient leur origine dans la féodalité; c'étaient pour ne citer que les principales, la censive; le casement, en Béarn; la quevaise ou convenant non congéable, en Bretagne; le bourgage, en Normandie; le bordelage, en Nivernais; l'albergement, en Savoie et en Languedoc.

Les autres avaient, au contraire, leur origine dans le contrat, et étaient purement foncières; la propriété n'y était pourtant pas moins dédoublée, et se décomposait en *domaine direct,* retenu par le concédant, et en *domaine utile,* acquis par le concessionnaire; c'est même de l'une de ces tenures purement foncières, de l'emphythéose, que les jurisconsultes ont déduit cette théorie de la directe et du domaine utile, dont ils ont ensuite fait l'application au régime féodal; mais dans les tenures foncières, par opposition aux tenures féodales, on disait que la directe n'était qu'une directe privée. — Les principales de ces tenures non féodales, emportant dédoublement de la propriété, étaient, outre l'emphythéose, que nous venons de nommer : la superficie, où le concessionnaire acquérait le domaine utile sur les superficies, c'est-à-dire sur les édifices et plantations, et qui ne différait du domaine congéable, qu'en ce que le propriétaire foncier n'y avait pas, comme dans cette dernière tenure, la faculté d'expulser le preneur, en lui remboursant la valeur de ses édifices; enfin l'une des plus répandues, le bail à rente, dans laquelle le preneur acquérait la propriété du fonds, sauf cependant la retenue faite par l'aliénateur sur ce fonds, comme droit réel d'une rente perpétuelle et irrachetable; de telle sorte que l'on a pu ici, fort heureusement, appeler l'acquéreur, un tenancier-propriétaire (1).

(1) Viollet, *Histoire du droit,* 2e édit.

Enfin les baux ordinaires eux-mêmes, et alors qu'il n'était intervenu entre les parties aucune convention, ayant pour but de dédoubler la propriété, n'en étaient pas moins, lorsqu'ils étaient perpétuels, considérés par la majorité de la doctrine, comme emportant un droit réel au profit du preneur.

La tendance de l'ancien droit était, en effet, de favoriser le morcellement juridique de la propriété. Ce morcellement juridique de la propriété correspondait merveilleusement bien aux institutions de l'ancien régime; en favorisant le maintien des grandes propriétés, en rendant très difficile, pour les classes inférieures, l'acquisition de la propriété du sol, en enchaînant à perpétuité les tenanciers sur les terres, il permettait à l'aristocratie de conserver sa puissance, et d'exercer une très grande influence sur les populations agricoles; il plaçait celles-ci, en ne leur permettant pas d'aspirer à la pleine propriété, dans une infériorité au point de vue de leur condition juridique, qui correspondait à l'infériorité de leur situation politique.

Ces baux perpétuels, ces redevances irrachetables, toutes ces situations intermédiaires entre les baux et les ventes, étaient le corollaire naturel du régime de la féodalité.

Aussi la Révolution a-t-elle fait porter ses réformes, non seulement sur les droits seigneuriaux, mais aussi sur les droits purement fonciers, suivant le mot si souvent cité de M. Taine, la Révolution a été, avant tout, une réforme agraire.

Elle a supprimé également et les droits seigneuriaux et les droits fonciers perpétuels irrachetables, elle a déclaré ces droits abolis, et a défendu d'en créer de semblables à l'avenir.

La loi du 18 décembre 1790 a donné à tous les tenanciers perpétuels la faculté d'acquérir la pleine propriété des fonds qu'ils détenaient, en se rédimant des rentes qui les grevaient; elle n'a fait aucune distinction entre eux, car le comité féodal, à la tête duquel se trouvaient Merlin et Tronchet, considérait tous les baux perpétuels comme nécessairement translatifs de propriété. — Le Code civil a reproduit cette prohibition de constituer sur un fonds, des droits perpétuels ou irrachetables; les droits constitués en violation de cette prohibition sont rachetables, ou réductibles quant à leur durée, suivant que l'une ou l'autre de ces deux sanctions se trouve plus conforme à l'intention des parties.

Notre droit est donc ainsi revenu à la propriété du droit romain; il n'admet plus que le droit de propriété puisse être démembré en domaine direct et en domaine utile.

Cependant l'une de ces anciennes tenures a été conservée par l'Assemblée Constituante, c'est le bail à domaine congéable. L'Assemblée, alors qu'elle abolit toutes les autres tenures, réserva sa décision sur le domaine congéable; elle fut requise, par des pétitions des domaniers de Bretagne, de le faire disparaître; mais elle renvoya la solution de la question à un examen ultérieur, dont le résultat fut qu'elle se décida à le conserver (1), en l'expurgeant de ce qu'il présentait d'abusif, car

(1) Le domaine congéable a été aboli par la loi du 27 août 1792, qui l'a déclaré rachetable, dans les conditions requises pour les droits féodaux. Pour comprendre comment est intervenue cette disposition législative, il faut se rappeler que la Révolution avait à trancher le difficile problème de la distinction de l'aboli et du rachetable. Comment distinguer parmi les droits qui étaient abolis, ceux qui devaient l'être sans indemnité, et ceux qui devaient être au contraire rachetables. Le décret des 15-28 mars 1790 déclara abolis sans indemnité, tous les droits que le seigneur perçoit à titre d'ancien propriétaire des personnes, c'est-à-dire tous ceux se rattachant à la mainmorte personnelle, et rachetables tous ceux que le seigneur perçoit à titre de propriétaire foncier et de bailleur, c'est-à-dire tous ceux découlant de la mainmorte réelle. La Législative abolit sans rachat tous les revenus féodaux, à moins qu'ils ne fussent prouvés, par représentation du titre, avoir leur source dans un contrat; enfin la Convention supprima la faculté de faire cette preuve contraire. Les rentes ou prestations purement foncières étaient donc désormais seules rachetables; mais comment les distinguer? Il fallait poser des présomptions, que l'on trouva dans l'existence de la directe seigneuriale, du cens ou de tout autre signe de seigneurie ou de féodalité. Or, dans les domaines congéables, le propriétaire foncier qualifiait de directe le droit qu'il conservait, et en fait ces contrats étaient entachés d'un assez fort alliage de féodalité; ils tombaient donc sous le coup des dispositions de la Constituante, et un décret du 29 floréal an II, leur appliqua la loi du 17 juillet 1793, en déclarant abolis sans indemnité, tous ceux qui porteraient une trace de féodalité.

Ce décret et la loi du 27 août 1792, furent abrogés par la loi du 9 brumaire an VI, qui remit en vigueur la loi du 6 août 1791.

elle estima qu'il était facile de le mettre d'accord avec les nouveaux principes : le propriétaire foncier y avait, en effet, déjà le droit de demander la cessation du bail ; il suffisait donc d'accorder un droit parallèle au preneur, pour en faire un bail temporaire ; et c'est ce qu'a fait la Constituante ; elle a décidé que dorénavant les deux parties seraient placées sur ce point sur un pied d'égalité complète, et que toutes deux pourraient réclamer la cessation du bail.

Devenu ainsi temporaire, le bail à domaine congéable ne présentait plus le principal des inconvénients des anciennes tenures, celui d'être perpétuel ; et la Constituante crut qu'on pouvait le conserver ainsi modifié, à cause des grands avantages économiques qu'elle pensait y être attachés.

La Bretagne contient, en effet, beaucoup de terres incultes, et on le présentait comme très propre à favoriser les défrichements. Dans ce bail, disait-on, le preneur devenant propriétaire des superficies, est intéressé à la bonne tenue de son fonds et à son amélioration. Il a un intérêt direct à faire des plantations, à augmenter la quantité des terres labourables, à défricher les landes, à dessécher les marais ; puisqu'à l'expiration de son bail le propriétaire foncier devra lui rembourser la valeur de toutes les améliorations qu'il aura ainsi faites.

Et il faut reconnaître que le domaine congéable a effectivement rendu de grands services en Bretagne ; c'est à lui que l'on doit la mise en valeur de beaucoup de terres et le dessèchement de beaucoup de marais ; mais dans l'état économique actuel, loin de présenter des avantages, il n'offre que des inconvénients.

Pour faciliter ou pour permettre les entreprises de défrichement et d'amendement il faut donner au fermier qui les entreprend, l'assurance qu'il demeurera sur le fonds pendant un certain nombre d'années déterminées ; ce n'est que s'il est sûr d'y demeurer assez longtemps pour pouvoir mener à bonne fin les travaux qu'il entreprend, et pour pouvoir jouir pendant quelques années de l'excédent de récoltes qu'ils lui procureront, qu'il les entreprendra ; mais s'il n'est sur une ferme que pour un temps très court, si à la fin de chaque année il est exposé, comme le domanier, à se voir expulsé, cette situation précaire l'empêchera non seulement d'apporter aucune amélioration au fonds sur lequel il se trouve, mais même de le cultiver et de l'entretenir convenablement.

On remédie, il est vrai, à cette situation, par des assurances accordées par le propriétaire foncier, mais à leur expiration la situation du domanier redevient précaire. De plus, les propriétaires fonciers n'accordent ces assurances que difficilement, en général que pour 9 ans au maximum; et ils se les font payer assez cher par les domaniers; ils n'ont en effet aucun avantage à les leur accorder. Dans les autres baux, le propriétaire s'engage pour un certain nombre d'années, parce que ce n'est qu'à cette condition qu'il peut obtenir l'engagement corrélatif du preneur; mais ici, le domanier renonçant pour jamais au droit de demander le congédiement, le propriétaire n'a plus d'intérêt à se lier envers lui.

Le domanier n'est donc pas encouragé, comme les autres fermiers, à améliorer son fonds par la certitude de le posséder pendant un certain nombre d'années.

Cependant cet inconvénient est racheté par un autre avantage, que le domaine congéable offre en principe au domanier, et qui doit être pour lui un puissant mobile pour le pousser aux défrichements et autres travaux de ce genre; mais par suite des circonstances économiques, cet avantage que le domaine congéable accorde au domanier, s'est actuellement retourné contre lui, il a mis ses intérêts en opposition avec ceux du foncier; et il a abouti, en fait, à faire du domaine congéable le mode de fermage le plus désastreux pour les intérêts de l'agriculture.

On peut en effet concevoir, comme modes de concessions propres à permettre la mise en valeur des terres, deux types principaux.

Dans l'un, le propriétaire n'aura pas à rembourser, à l'expiration de la concession, la plus-value acquise par son terrain. Il faut alors que le concessionaire n'ait pendant le temps de sa jouissance aucune redevance à payer, ou qu'une redevance très minime; et que cette concession soit faite pendant un temps suffisamment long pour que les revenus qu'il tirera du fonds, une fois en valeur, le couvrent de ses dépenses, et lui laissent un bénéfice.

Dans l'autre, et le domaine congéable rentre dans ce type, le propriétaire devra, à l'expiration de la concession, rembourser au preneur la plus-value acquise par son fonds. La redevance payée par le preneur peut alors être plus forte, et la durée de sa jouissance être assez courte, puisque c'est par le remboursement qui lui sera fait, lorsqu'il quittera le fonds, qu'il sera couvert de ses dépenses.

Ces deux genres de concession, il est facile de l'observer, ne peuvent être faits que par des propriétaires ayant des fortunes considérables, et n'hésitant pas à sacrifier les intérêts du présent à ceux de l'avenir. Le premier exige que le propriétaire renonce pendant de longues années à une partie de ses revenus; le second lui impose une gêne plus grande encore. Il suppose, non plus seulement que le propriétaire peut se résigner à voir pendant un certain temps ses revenus diminués, mais qu'il est en état de verser les capitaux représentatifs des revenus qu'il acquiert pour l'avenir; qu'il peut, à tout moment, rembourser à des fermiers actifs et entreprenants, la valeur des améliorations que ceux-ci ont apporté à son fonds. Il pèse ainsi sur lui des charges éventuelles qui peuvent être très considérables, et dont il ne lui est pas possible d'apprécier la valeur. La terre lui rapportera, il est vrai, désormais davantage, mais pourra-t-il toujours avoir des capitaux suffisants pour rembourser ses fermiers à l'expiration de leurs baux? et même en l'admettant l'opération lui sera-t-elle toujours profitable? Il est permis d'en douter, car il sera obligé de déplacer des capitaux qui pouvaient être très avantageusement placés, alors que le nouveau placement, qu'il se voit imposé, par suite des travaux entrepris par son fermier, sera le plus souvent très aléatoire. — C'est là un inconvénient qui ne pouvait se produire sous l'ancien régime; les propriétaires devaient au contraire encourager leurs fermiers à faire des améliorations, car les placements étaient alors très difficiles, mais il n'en est plus de même aujourd'hui. Aussi les propriétaires fonciers échappent-ils à ces dangers qui les menacent, en défendant à leurs fermiers de faire aucune amélioration. Tous les baux à domaine congéable contiennent aujourd'hui une clause, devenue presque de style, qui interdit aux domaniers de faire aucun travail pouvant augmenter la valeur des édifices. Il leur est interdit expressément de défricher, de déssécher les marais, de planter des arbres, même dans les bois ou dans les vergers déjà existants, si ce n'est pour remplacer ceux qui sont morts; de construire les hangards dont ils pourraient avoir besoin pour loger les récoltes, etc... Toutes ces prohibitions s'expliquent aisément : le propriétaire foncier devant, lorsqu'il congédie le domanier, lui rembourser la valeur de ses édifices, il ne veut pas que cette valeur soit augmentée pendant la durée du bail.

On voit quel obstacle le domaine congéable apporte au développement de l'agriculture; quel préjudice il cause à la prospérité des régions où il est en usage. On peut apprécier toute la valeur de ce préjudice, en remarquant que l'élevage du bétail doit aujourd'hui se substituer, dans ces régions, à la culture des céréales qui a cessé d'être rémunératoire; or, comment les fermiers peuvent-ils entreprendre l'élevage du bétail, alors qu'il leur est défendu de construire des écuries (1)?

Le législateur de 1791 a donc été assez mal inspiré en conservant le domaine congéable, puisque loin d'aider au développement de l'agriculture, il ne fait que l'annuler de la façon la plus préjudiciable. Si l'on veut rechercher quelque forme de concession qui favorise les grandes entreprises de mise en valeur des terres, c'est, comme le fait actuellement le projet de code rural, dans celles où le fonds revient au propriétaire sans qu'il ait rien à rembourser qu'il faut la rechercher.

A côté de cette clause, si nuisible aux intérêts de l'agriculture, les baux à domaine congéable en contiennent un autre, également devenue de style, et qui est une violation manifeste des principes les plus essentiels de notre droit.

Après s'être garantis, comme nous venons de le voir, con-

(1) Voir sur les inconvénients du domaine congéable, le *Rapport sur le concours des prix culturaux, dans le Morbihan*, par M. Convert, professeur à l'Institut agronomique, Paris, 1892. — M. Convert y déclare (page 11) que la Commission de visite des fermes a constaté l'infériorité de celles tenues en domaine congéable, et que ce genre de bail s'oppose à tout progrès de l'agriculture.

tre les remboursements onéreux, les propriétaires fonciers ont voulu se garantir contre les remboursements qui pourraient intervenir en temps inopportun, ils ont voulu être les seuls maîtres du temps où peut avoir lieu le remboursement, tenir les domaniers sous leur entière dépendance, les conserver s'ils le veulent à perpétuité sur leurs terres; et pour celà ils insèrent dans les baux une clause enlevant au domanier le droit de demander le congédiement. — Tous les baux à domaine congéable portent cette clause, devenue absolument de style : « En aucun temps, même après l'expiration de cette baillée, le preneur ne pourra exiger du propriétaire foncier, ni provoquer en aucune manière contre lui le remboursement de ses édifices et droits réparatoires. Mais la baillée finie, le propriétaire du fonds pourra congédier ou faire congédier le preneur, en lui remboursant à dire d'experts la valeur de ses droits réparatoires (1). »

Les partisans du domaine congéable déclarent (2) que, sans l'existence de cette clause, la situation du propriétaire foncier serait intolérable, qu'il ne peut pas se voir exposé à être obligé de rembourser le domanier, quand il plairait à celui-ci de demander son congédiement; et que si le domanier avait le droit de demander la cessation du bail, aucun propriétaire ne voudrait louer à domaine congéable.

Le propriétaire foncier évite, en effet, peut-être ainsi de se mettre dans une situation fâcheuse, mais réfléchit-il à quelle situation il condamne le domanier; c'est réellement pour ce dernier que l'on peut dire et avec raison que sa condition est intolérable.

Aussi les populations des régions (3) où le domaine congéable est encore actuellement en usage, se sont-elles plaintes amèrement; les syndicats et les comices agricoles ont souvent fait entendre des protestations énergiques; de nombreuses pétitions ont été adressées par les intéressés ; enfin un projet de loi,

(1) Pétition adressée à M. Guieysse, député, par un groupe de domaniers des cantons de Morlaix, Plouigneau et Lanmeur (Finistère), Morlaix, 1892.

(2) Voir un article de M. Pinchon, dans *la Loi*, 8 juin 1892.

(3) Ces régions forment des zones assez compactes, dans les trois départements du Finistère, du Morbihan et des Côtes-du-Nord; le nombre des domaniers paraît s'élever à plus de 20.000.

ayant pour but de mettre fin à cette situation inique et anti-économique, a été présenté à la Chambre des députés, le 27 juin 1891, par M. Guieysse, l'éminent député du Morbihan. — Nous ne voulons pas ici analyser ce projet de loi; nous voulons simplement rechercher si la clause, par laquelle le domanier renonce au droit de demander le remboursement de ses édifices, et dont le projet, entre autres dispositions, demande la nullité, ne doit pas déjà être considérée comme nulle; comme étant contraire à l'ordre public, et prohibée par la loi.

Nous ferons observer, avant d'aborder l'étude de cette question, que les propriétaires fonciers paraissent avoir des doutes très sérieux sur la validité de cette clause; car ils insèrent toujours dans leurs baux la clause suivante, également de style : « Le preneur s'engage expressément par les présentes à renoncer au bénéfice de toutes les lois rendues ou à rendre en sa faveur. »

C'est dans son art. 11, que la loi du 6 août 1791 a donné aux domaniers le droit de se retirer à l'expiration de leurs baux, en exigeant le remboursement de leurs édifices et superficies; cet article décida que, pour les domaniers qui jouissaient sans avoir d'assurance, ils pourraient se retirer 4 ans après le 29 septembre 1791. L'art. 14 prévoit le cas où, à l'avenir, des domaniers continueraient à demeurer sur une ferme, après l'expiration du bail et sans le renouveler : « .....Si, néanmoins, le propriétaire foncier avait laissé continuer au domanier la jouissance après le terme du bail ou de la baillée expirée, ou si le domanier avait conservé cette jouissance, faute de remboursement, le bail ou la baillée seront réputés continuer par tacite reconduction pour deux ou trois années, selon que l'usage du pays sera de régler l'exploitation des terres pour deux ou trois années. »

Ainsi donc, c'est à ces dispositions de la loi de 1791 qui régit actuellement les baux à domaine congéable et qui décide que le domanier a le droit d'exiger le remboursement de ses édifices à l'expiration de son bail, ou si ce bail s'est continué par tacite reconduction, à l'expiration de périodes de deux ou trois années, que la clause dont nous nous occupons vient déroger, en décidant qu'il ne pourra jamais, *en aucun temps*, demander ce remboursement.

Par l'effet de cette clause, la durée qui est assignée aux baux n'a qu'une seule signification, c'est d'enlever au propriétaire foncier, pendant ce temps, la faculté de congédier le domanier; mais celui-ci se trouve lié pour toujours.

On est au moins étonné de voir que cent ans après la proclamation des principes de 1789, il y ait encore des familles, qui soient attachées à perpétuité sur une terre, et qui ne puissent la quitter, quels que soient les événements, quels que grands intérêts qu'elles puissent avoir à aller s'établir ailleurs, si le bon plaisir du propriétaire foncier ne veut bien le leur permettre.

Nous avons vu des lettres lamentables, écrites par des fermiers, qui, ruinés, ou se trouvant seuls, étaient désormais dans l'impossibilité de faire valoir leur ferme; et alors qu'ils trouvaient à se placer avantageusement comme ouvriers dans une ville voisine, n'en étaient pas moins condamnés à mourir de faim sur la terre qu'ils ne pouvaient quitter. Les syndicats agricoles et les journaux locaux ont relevé des milliers de faits de ce genre.

Il faut même remarquer que la situation du domanier est, en quelque sorte, plus défavorable que celle du tenancier dans les autres tenures perpétuelles; car celles-ci étaient également perpétuelles, vis-à-vis du propriétaire, et le tenancier pouvait ainsi trouver à céder son droit; cette cession est au contraire presqu'impossible pour le domanier, quand il n'a pas de baillée; car comment trouverait-il à céder un droit que le propriétaire peut résoudre à son gré; où le preneur seul est obligé? — et en fait les domaniers ne trouvent presque jamais à céder leur droit; d'ailleurs dans beaucoup de baux ils renoncent également pour toujours à la faculté de le céder.

On fait valoir que le domanier peut toujours quitter la ferme, en faisant abandon au propriétaire foncier de ses édifices; mais ces édifices représentent le plus souvent sa seule fortune; ces édifices il les a acquis, ils ont, dans la plupart des cas, une valeur considérable, il n'y a donc pas dans ce droit de déguerpir une bien grande faveur pour lui; les serfs de servitude réelle, à la différence des serfs de servitude personnelle, pouvaient aussi acquérir la liberté, en faisant abandon de ce qu'ils possédaient dans une seigneurie.

La validité d'une telle clause n'aurait dû, semble-t-il, être jamais soutenue, et l'on pourrait croire qu'il suffit d'en constater la nullité; il n'en est pourtant pas ainsi.

Les arguments que l'on a fait valoir pour soutenir que cette clause est valable se ramènent à deux. D'abord, dit-on, la loi du 6 août 1791, dans son art. 13, autorise les parties contractantes à faire toutes les conventions qu'elles jugeront à propos, notamment sur la durée des baux. — On ajoute que le domaine congéable est un contrat *sui generis*, et que comme tel il ne tombe pas sous l'application des règles de notre droit.

La Cour de cassation a rendu, le 5 mars 1851 (1), un arrêt en ce sens, il s'agissait dans l'espèce d'une renonciation au droit de demander le congément, faite par le propriétaire foncier : « Attendu..... que l'art. 13 du décret des 7 juin-6 août 1791, permet aux parties de faire à l'avenir telles conditions qu'elles jugeront à propos, notamment sur la durée desdits baux; qu'à la vérité l'art. 16 du même décret subordonnait les conventions des parties aux lois générales établies ou à établir, pour l'intérêt de l'agriculture, aux baux à ferme, en ce qui serait applicable au bail à convenant. Mais que pour prétendre que cette dernière disposition interdit aux propriétaires de renoncer pour toujours au congément, on ne peut se prévaloir d'aucun des textes de lois invoqués par le demandeur en cassation; qu'en effet le convenant n'est ni une vente, ni une emphythéose, ni un bail; que s'il a quelque trait de ressemblance avec chacun de ces contrats, il diffère essentiellement de tous; que la loi spéciale de 1791 qui le régit n'apporte dans l'intérêt de l'agriculture aucune limite au droit qu'elle donne aux parties d'en régler la durée. »

La Cour de Rennes a également rendu des arrêts en ce sens, nous citerons celui qui est le plus longuement motivé, qui est du 10 août 1835 (2) : « Considérant que la stipulation n'est pas contraire à la loi du 6 août 1791; que cette loi considère si peu le droit de demander le remboursement comme étant de l'essence du domaine congéable, que pour les baillées actuellement existantes elle n'accorde, par son art. 11, ce droit au colon, que dans un seul

(1) Dalloz, *Répert.*, *Louage à domaine congéable*, n° 330.

(2) S. 51. 1. 250.

cas, celui où il exploitait lui-même la ferme, et que quant aux baillées futures, loin de prohiber la renonciation à la faculté de demander le remboursement, elle déclare dans son art. 13 qu'il serait libre aux parties de faire des concessions à titre de bail à convenant, sous telles conditions qu'elles jugeraient à propos, n'apportant à cette latitude d'autres restrictions que celles énumérées dans l'art. 15, article entièrement étranger à la question actuelle.

« Considérant que la stipulation attaquée par l'appelant n'est pas davantage contraire à la nature du bail à domaine congéable et aux principes généraux des contrats; qu'en effet le bail à convenant tient à la fois de la nature du contrat de louage et de la nature du contrat de vente, que le colon est en même temps fermier du fonds et acquéreur des édifices et superficies; que si, envisagé seulement comme fermier, il devrait pouvoir cesser sa jouissance à la fin du bail, comme acheteur des superficies il ne tient que de la loi de 1791 et non de l'essence du contrat, le droit exorbitant de forcer le vendeur à reprendre la chose vendue, et ne peut dès lors qualifier d'illicite la clause par laquelle il a renoncé à exercer ce droit.

« Considérant que l'art. 530, C. civ., n'est pas applicable à l'espèce, puisque si dans la formation de la redevance convenancière, il entre quelquefois une portion du prix d'achat des droits édificiers, cette redevance se compose principalement du prix de la jouissance du fonds, et qu'on ne peut en conséquence argumenter de la perpétuité de la rente, pour inficier la clause de renonciation à la faculté de demander le remboursement.

« Considérant d'ailleurs que le colon est toujours libre de se retirer, soit en affermant, soit en vendant, soit au besoin en faisant exponse et qu'ainsi la clause attaquée n'est pas contraire à l'ordre public en ce qu'elle porterait atteinte à la liberté individuelle.

« Considérant enfin que cette clause ne blesse en rien les bonnes mœurs. »

Ces deux arrêts représentent tout ce que l'on a fait valoir en faveur de cette thèse; les quelques auteurs qui l'ont soutenue n'ont fait que les répéter ou les reproduire.

Les partisans de cette opinion n'ont pas essayé de dire qu'un bail perpétuel puisse être valable ; ce serait là la négation d'un principe trop certain ; la durée des baux étant aujourd'hui régie par l'art. 1 du décret des 18-29 décembre 1790 et par les articles 530 et 1709, C. civ. ; mais, disent-ils, le domaine congéable n'est pas un bail, et par conséquent il ne tombe pas sous le coup des prohibitions édictées par ces textes.

Mais la loi de 1790 ne parle-t-elle donc que des baux, et l'œuvre de la Révolution n'a-t-elle consisté qu'à abolir les baux perpétuels, en prenant le mot *bail* dans le sens étroit que lui donnent nos adversaires ?

Nous avons déjà vu que l'œuvre de la Révolution a été de faire disparaître tout ce régime des charges foncières qui grevaient les fonds de redevances perpétuelles, qui assujettissaient l'homme à la terre, et qui n'étaient que le corollaire du régime féodal. Les lois de la Révolution ont mis fin à cet état de choses, et elles n'admettent pas qu'un homme puisse à raison de la concession qui lui est faite d'une terre, et quels que soient les caractères de cette concession, s'engager à perpétuité à payer une redevance quelconque au propriétaire; toute convention quelle qu'elle soit qui peut avoir pour effet de lier un homme à une terre est sévèrement prohibée par elles.

Ce principe se trouve déjà posé dans le décret du 11 août 1789 qui déclare dans son art. 6 : « Toutes les rentes foncières perpétuelles, soit en nature, soit en argent, de quelque espèce qu'elles soient, quelle que soit leur origine, à quelque personne qu'elles soient dues : gens de mainmorte, domaines-apanagistes, ordre de Malte, seront rachetables ; les champarts de toute espèce et de toute dénomination le seront pareillement au taux qui sera fixé par l'Assemblée. Défenses sont faites à l'avenir de ne plus créer aucune redevance non remboursable. »

Et le décret des 18-29 décembre 1790 répète :

Art. 1er. « Toutes les rentes foncières perpétuelles, soit en nature, soit en argent, de quelque espèce qu'elles soient, quelle que soit leur origine, à quelque personne qu'elles soient dues : gens de mainmorte, domaines-apanagistes, ordre de Malte, même les rentes de dons et legs pour cause pie ou de fondation, seront rachetables ; les champarts de toute espèce et sous toutes les dénominations, le seront pareillement au taux ci-après fixé. Il est défendu à l'avenir, de plus créer aucune redevance foncière non remboursable, sans préjudice des baux à rente ou emphythéose, et non perpétuels qui seront exécutés pour toute leur durée et pourront être faits à l'avenir pour 99 ans et au-dessous ; ainsi que les baux à vie même sur plusieurs têtes à la charge qu'elles n'excèderont pas le nombre de trois. »

Art. 2. « Les rentes ou redevances foncières, établies par les contrats connus en certains pays sous le titre de locatairie perpétuelle, sont comprises dans les prohibitions et dispositions de l'article précédent, dans les modifications ci-après sur le taux du rachat. »

Ainsi donc, ces textes ont une portée si large, qu'ils ont déclaré rachetables, même les baux perpétuels, qui ne comportaient aucun dédoublement de la propriété.

Pour faire échapper la clause qui nous occupe à ces dispositions, l'arrêt de Rennes décompose le domaine congéable en un bail et une vente, et il dit : le domanier étant un acheteur, il ne tient que de la loi 1791, le droit exorbitant de forcer le vendeur à reprendre la chose vendue, donc est licite la clause par laquelle il renonce à exercer ce droit.

Mais tout d'abord, en admettant que l'on puisse ainsi décomposer le domaine congéable en deux opérations absolument indépendantes, en deux contrats distincts, il faudrait encore que tous deux, pris isolément, fussent valables ; et il faudrait en outre que ces deux contrats étant réunis en un seul, leur combinaison n'eût pas pour effet de réagir sur eux et de leur donner un caractère illicite.

Or, premièrement, il est faux de considérer le droit du domanier à demander le remboursement de ses édifices, comme un droit exorbitant, qu'il ne tiendrait que de la loi de 1791 ; car comment alors expliquer le droit que le foncier, qui est le vendeur dans cette théorie, a de l'expulser. Il faudrait au moins, si l'on voulait absolument voir une vente dans l'opération, dire qu'il y a vente sous une condition résolutoire : celle de l'expiration de la durée du bail.

De plus, le prix de cette vente ne consiste pas seulement en une somme payée comptant(1), mais en une rente payable par annuités. La redevance annuelle que paie le domanier comprend pour partie le prix de la jouissance du sol, et pour partie, le prix d'acquisition des édifices.

Nous sommes donc ici en présence d'une vente, faite pour partie, moyennant une rente à payer ; or aux termes de l'art. 530, cette rente est essentiellement rachetable ; et le délai fixé pour le rachat ne peut excéder 30 ans.

Mais la Cour de Rennes nous dit : non, l'art. 530 ne doit pas s'appliquer ici, parce que cette rente « *se compose principalement du prix de la jouissance du fonds* » ; le domanier est surtout un locataire, et par conséquent on ne peut lui appliquer les dispositions qui lui seraient applicables, s'il avait acheté un bien moyennant une redevance à payer.

Ainsi la Cour de Rennes commence par dire : « que si (le domanier) envisagé comme fermier, devrait pouvoir cesser sa jouissance à la fin du bail, comme acheteur des superficies... » puis : « que l'art. 530, C. civ., n'est pas applicable à l'espèce, puisque si, dans la formation de la redevance convenancière, il entre quelquefois une portion du prix d'achat des droits édificiers, cette redevance se compose principalement du prix de la jouissance du fonds. »

Nous savons donc ainsi pourquoi notre clause est valable : c'est que le domanier, comme locataire, ne pourrait pas être soumis à un bail perpétuel, mais qu'il est surtout acheteur ; et que comme acheteur il ne pourrait pas devoir une rente perpétuelle, mais qu'il est surtout locataire.

Même en voulant décomposer le domaine congéable, on n'arrive donc pas encore à justifier la prétendue validité de la

(1) Cette partie du prix d'acquisition des édifices, payée comptant par le domanier, est représentée par la somme assez considérable qu'il paie au propriétaire foncier en entrant en jouissance sur le fonds. De plus si le domanier obtient alors une assurance, cette somme représente en même temps pour partie, le prix de cette assurance. Quand postérieurement, étant déjà établi sur le fonds, il obtient de nouvelles assurances, il doit pour chacune d'elles, payer au propriétaire foncier une somme connue sous le nom de pot de vin ou de nouveautés, qui, cette fois, ne représente plus que le prix de l'assurance.

clause dont nous nous occupons. Et de plus, nous croyons qu'il est faux de vouloir ainsi décomposer ce contrat; il n'y a ici en réalité qu'un seul contrat qui a pour but de donner à un fermier une ferme à exploiter; ce fermier ne peut isolément et distinctement cesser sa jouissance comme locataire, et garder son droit de propriété des édifices; cette distinction entre le tréfonds et les superficies, entre le sol d'une prairie et l'herbe qui couvre cette prairie, est en réalité toute artificielle, elle ne pourrait se réaliser en fait, et le droit du fermier sur les édifices ne constitue pas un véritable droit de propriété, dont il pourrait disposer comme de tout autre droit de propriété; tandis que l'*abusus* est l'un des éléments essentiels du droit de propriété, le domanier ne peut pas détériorer les édifices, il ne peut même pas à son gré abattre les arbres qui sont compris dans ces édifices. Tout ce que le domanier peut faire, c'est céder son droit, comme le céderait un autre locataire, c'est sous-louer, comme sous-louerait un autre locataire; et encore est-il à ce point de vue dans une plus mauvaise situation que les autres locataires, car le plus souvent il n'a pas d'assurance, et en ce cas, il lui est presqu'impossible, comme nous l'avons vu, de trouver à céder son droit.

Ces deux qualités de locataire et de propriétaire des édifices, qui se rencontrent chez le domanier, sont donc indissolublement liées, elles se tiennent étroitement et ne peuvent cesser qu'en même temps.

Il faut dès lors choisir laquelle de ces deux qualités doit l'emporter chez lui. Le Code civil prohibant toute concession perpétuelle faite sur un bien, pose comme sanction : pour celles qui emportent démembrement de la propriété, qui donnent un droit réel au preneur, le rachat obligatoire, art. 540, le preneur pourra forcer le concédant à lui céder la pleine propriété du bien concédé; pour les autres, la clause que le bail est perpétuel doit être effacée et sa durée réduite. L'une ou l'autre de ces deux sanctions doit nécessairement s'appliquer à toute concession faite *in re aliena;* on peut d'ailleurs rechercher quelle a été l'intention des parties, pour appliquer celle qui est la plus conforme à leur intention.

Si l'on estime que le fait de l'acquisition de la propriété des édifices par le domanier, doit être considéré comme dominant dans le domaine congéable, que par suite ce contrat a surtout un caractère translatif, le domanier a, en vertu de l'art. 540, C. civ., le droit de forcer le foncier à lui vendre la pleine propriété du fonds.

Mais nous ne croyons pas que cette solution soit celle qui doive l'emporter ; le domaine congéable est avant tout un louage, la part de propriété acquise par le fermier n'y est qu'un accessoire secondaire, qui n'a dû être dans le principe qu'un encouragement à lui donné pour la bonne tenue et la bonne culture de la ferme. Et c'est en le considérant à ce point de vue que l'Assemblée Constituante l'a d'abord réservé pour un examen ultérieur, alors qu'elle abolissait toutes les autres tenures, puis l'a conservé ; c'est qu'elle n'y a vu qu'une forme de bail propre à stimuler le zèle du fermier, et qu'il était facile de mettre d'accord avec les principes de la législation actuelle ; il n'y avait qu'à faire ce qu'elle a fait, à donner au domanier, quant à la faculté de demander le congédiement, le même droit qu'aux autres locataires.

Et ceci explique la disposition de l'art. 11 de la loi de 1791, dont la Cour de Rennes essaie de se prévaloir ; la Constituante n'a donné le droit de demander le congédiement qu'aux domaniers qui exploitent eux-mêmes leurs tenures, parce que les autres ne sont plus en réalité des domaniers, qu'ils ont cédé leur droit ou sous-loué, et que c'est à celui qui est locataire effectif à savoir s'il veut ou non demeurer sur la ferme ; lorsqu'un locataire a cédé son bail, il ne peut pas à l'expiration de ce bail forcer celui avec qui il a traité à quitter les lieux loués et l'empêcher de faire avec le propriétaire un nouveau bail.

L'intention de la Convention, de ne conserver le bail à domaine congéable que comme un bail essentiellement temporaire, est donc absolument évidente, elle ressort aussi bien du texte que de l'esprit de la loi de 1791, et nous avons vu que notre législation prohibe d'une façon absolue, sans aucune exception, tous les engagements perpétuels pris par un fermier ou un concessionnaire quelconque.

Si l'on consulte les travaux préparatoires, les discours des rédacteurs de nos lois viennent développer et confirmer cette proposition de la façon la plus éclatante. Tronchet, dans son rapport (1) sur la loi du 9 brumaire an VI, qui a remis en vigueur la

(1) Page 19.

loi de 1791, déclare, en rappelant ce qu'était le domaine congéable avant cette loi, qu'il y existait une disposition intolérable : « Une autre maxime également intolérable était celle qui, à l'expiration du terme fixé par le bail, ne donnait qu'au foncier le droit de continuer ou de ne pas continuer le bail, et ne permettait pas au domanier de se retirer en demandant le remboursement de ses droits réparatoires,..... ce qui était rendre la convention indéfinie pour le bailleur et à temps contre le preneur, et détruisait la réciprocité naturelle qui doit résulter d'une convention entre les parties contractantes. »

Et les rédacteurs du Code civil considéraient si bien qu'il n'y a aucune exception au principe qui défend d'établir des redevances perpétuelles, que lors de la rédaction de l'art. 530, la question se posa au Conseil d'État, de savoir si l'on n'admettrait pas quelques exceptions à ce principe. Et cette proposition fut repoussée, Tronchet, Regnauld de Saint-Jean d'Angély et le premier consul firent ressortir tous les inconvénients qui résulteraient du système contraire : « Le propriétaire foncier, dit Regnauld de Saint-Jean-d'Angély, se créerait une nouvelle sorte de suprématie dans le village dont le fonds lui appartiendrait. Ainsi si les rentes foncières ne rétablissaient pas plusieurs ordres, elles formeraient du moins plusieurs classes de citoyens. On verrait ainsi reparaître les inconvénients de la féodalité..... » ; et Portalis : « ..... on ne peut supporter des charges ou des servitudes éternelles, l'imagination inquiète, accablée par la perspective de cette éternité, regarde une servitude ou une charge qui ne doit pas finir comme un mal qui ne peut être compensé par aucun bien. »

Ni les termes de la loi, ni la pensée de ses rédacteurs, ne peuvent donc laisser place à aucun doute ; la loi interdit formellement et déclare nulle toute constitution de rente foncière perpétuelle, tout bail perpétuel, toute convention quelle que soit son nom qui doit avoir pour effet d'attacher à perpétuité un homme sur une terre, ou de le lier d'une façon quelconque à cette terre ; or tel est l'effet de notre clause, par laquelle le domanier renonce pour jamais au droit de demander son congédiement, accepte de demeurer à perpétuité sur la tenure.

Nos adversaires s'appuient sur une autre considération : ils font valoir que la clause dont nous nous occupons a été librement consentie par le domanier, que c'est parce qu'il l'a acceptée qu'elle a été insérée dans l'acte, et ils invoquent en conséquence le principe de la liberté des conventions pour dire qu'elle est valable ; d'ailleurs, ajoutent-ils, la loi de 1791, dans son art. 13, a rappelé ce principe, et en le rappelant elle vise notamment la durée des baux.

Cette objection n'est pas sérieuse ; une convention, si librement passée fût-elle, ne peut être valable qu'autant qu'elle n'est pas contraire aux règles qui ont été considérées par le législateur comme nécessaires pour le maintien du bon ordre dans la société, qui lui ont été inspirées par des considérations de morale ou de bien général, qu'autant qu'elle n'est pas contraire aux principes qui forment la base même d'une société. Ce grand principe, posé dans l'art. 6, C. civ., domine tout notre droit, comme il domine toutes les autres législations ; on ne pourrait pas concevoir une législation où il n'existât pas. Or nous avons montré que notre législateur a considéré comme d'ordre public le principe d'après lequel un fermier, quel que soit son nom, et quel que soit le genre de contrat intervenu, ne doit s'engager que pour une durée limitée envers un propriétaire ; il a donné la portée la plus large à ce principe, qui est l'un de ceux qui intéressent le plus essentiellement l'ordre public, car il a été posé pour empêcher le retour d'un état de choses aboli ; le législateur savait que la plus légère exception qui y serait admise permettrait le rétablissement de l'ancien régime, et cette opinion se trouve parfaitement justifiée par les faits dont nous nous occupons en ce moment ; l'ancien régime avait surtout sa base dans l'organisation de la propriété foncière ; c'est en reproduisant plus ou moins dans les contrats cette organisation que l'on devait s'efforcer de le faire renaître ; le législateur a prévu ce danger en édictant cette règle impérative : que les contrats qui pouvaient être faits à propos de la concession d'une terre devaient l'être pour une durée limitée, et en prohibant toute convention contraire. Or notre clause viole cette règle, elle est donc à la fois et contraire à l'ordre public et expressément prohibée par la loi.

L'art. 13 de la loi de 1791, en rappelant le principe de la

liberté des conventions n'a pas eu pour but de déroger aux lois d'ordre public et de mettre les parties contractantes au dessus des lois ; cette disposition doit être entendue dans le sens qu'elle a toujours, toutes les fois que le législateur l'emploie, c'est-à-dire sous la réserve du principe posé dans l'art. 6, C. civ. Et il faut même remarquer que la loi de 1791, qui a pour but de conserver en l'expurgeant, de façon à la mettre d'accord avec les nouveaux principes, une seule des tenures de notre ancien droit, alors que toutes les autres étaient abolies, doit recevoir une interprétation très restrictive.

D'ailleurs, si l'art. 13 de la loi de 1791 avait, comme on le prétend, la portée de valider la clause dont nous nous occupons, si cette loi avait entendu que la volonté des parties fut respectée sur ce point ; comment expliquer qu'elle eût commencé par la violer, et qu'elle eût effacé en la déclarant nulle, dans tous les baux existant lors de sa promulgation, la disposition qui fait l'objet de notre clause.

Cette disposition avait été acceptée par les parties, lors de la conclusion des baux existant à cette époque, tout aussi bien qu'elle a pu l'être dans ceux passés depuis.

La disposition des anciens usements, qui déclarait que le domanier ne pouvait pas demander le congédiement, n'était pas en effet impérative ; rien n'aurait empêché les parties de faire un bail à domaine congéable, en convenant que le domanier serait libre de ne pas continuer ce bail ; s'ils n'inséraient pas la clause que le domanier pourrait demander son congédiement, c'est que tous deux acceptaient, sur ce point, la disposition des coutumes ; si le domanier ne l'avait pas acceptée, il ne lui aurait pas été plus difficile de demander qu'on écartât cet article de la coutume, qu'il ne lui serait difficile de demander aujourd'hui qu'on efface la clause de style qui la reproduit ; cela lui aurait peut-être même été plus facile, car une clause de style s'impose encore plus rigoureusement à la partie qui s'oblige, qu'une disposition de la loi. — Quant au propriétaire foncier, il pouvait dire alors, tout aussi justement qu'aujourd'hui, que si le bail n'avait pas été fait sous cette condition, il ne l'aurait pas passé.

Cette disposition, que le domanier ne pourrait exiger son remboursement, avait donc été acceptée tout aussi *librement*, dans les baux en cours en 1791, qu'elle l'a été dans ceux passés depuis. — Pourquoi donc la loi de 1791 n'a-t-elle pas respecté dans les premiers l'intention des parties, si elle voulait la respecter dans les seconds? Il serait permis de trouver singulièrement étrange la conduite du législateur qui viendrait dire : vous avez fait un contrat contenant telle disposition; j'annule cette disposition, je l'efface dans tous les contrats actuellement existants; mais je vous permets de la réinsérer dans tous ceux que vous ferez à l'avenir.

Cette extension illégale, que l'on a voulu essayer de donner à la loi de 1791, se comprend d'autant moins qu'elle-même a pris soin de rappeler qu'elle n'entendait pas déroger aux lois d'ordre public. Ce rappel était du reste parfaitement inutile, et la loi de 1791 n'aurait rien dit sur ce point, que la solution n'en serait pas moins certaine. Mais on peut remarquer cependant, que dans son art. 16 elle s'exprime ainsi : « Seront au surplus, les conventions que les parties auront faites, subordonnées aux lois générales du royaume établies ou à établir pour l'intérêt de l'agriculture relativement aux baux à ferme, en ce qui sera applicable au bail à convenant. »

Et d'ailleurs quand bien même notre clause ne serait pas prohibée comme contraire à l'ordre public, pourrait-on sérieusement soutenir qu'elle a été librement consentie par le domanier? Sa situation lui a-t-elle permis de discuter librement avec le propriétaire foncier, les conditions de son bail? Le domanier qui est pauvre, qui a absolument besoin de trouver une ferme pour pouvoir vivre, qui n'a le plus souvent pas le choix, car il est rare qu'il y ait plusieurs fermes à louer en même temps dans une même commune, est absolument obligé d'accepter toutes les conditions qu'on lui impose, surtout, nous l'avons vu, que ces conditions sont de style ; et si ces clauses n'étaient, comme on le prétend, que le résultat de l'accord des deux parties, comment alors expliquer les nombreuses plaintes et pétitions des domaniers?

La nullité de la clause par laquelle le domanier renonce au droit de demander son congédiement, ne peut donc faire l'objet d'aucun doute, elle ressort avec la plus grande évidence et de l'esprit et des dispositions de nos lois; on n'a pu invoquer en sens contraire que des arguments spécieux, qui ne supportent pas l'analyse.

Nous espérons que cette question n'aura bientôt plus qu'un intérêt théorique; car le projet de loi, soumis à la Chambre des députés par M. Guieysse, aura pour effet de faire consacrer législativement la solution que nous venons d'établir, en même temps qu'il débarrassera le domaine congéable des autres abus qu'il présente.

Le propriétaire foncier peut-il se plaindre légitimement de ce que la nullité de cette clause soit prononcée? Nous ne le pensons pas. Il est faux de dire qu'il se trouvera par là à la merci du domanier, qui pourra lui demander, à un moment imprévu, le remboursement de ses édifices. Non, aucune des deux parties ne se trouvera à la merci l'une de l'autre, parce que toutes deux feront dès lors leurs conventions sur un pied d'égalité; le propriétaire foncier fera alors avec le domanier des baux d'une certaine durée, et il saura que ce ne sera qu'à l'expiration de ces baux que celui-ci pourra lui demander le remboursement. Le propriétaire foncier sera ainsi placé dans la même situation que celle de tous les autres propriétaires; ce sera à lui à voir, selon les circonstances, pour quelle durée il est de son intérêt de faire des baux. Il perdra sans doute les avantages scandaleux qu'il a en ce moment, se réservant toutes les bonnes chances, pour ne faire peser que les mauvaises sur le domanier; il ne pourra plus ne renvoyer celui-ci que lorsque le prix des fermes vient à s'élever, et dans le cas contraire, le garder à perpétuité, exigeant de lui toujours les mêmes redevances, quelque dépréciations que les crises agricoles puissent apporter dans le prix des fermages; mais personne n'osera se plaindre de la cessation d'un tel état de choses.

L. DENISSE,
Docteur en droit, avocat à la Cour d'appel.

Paris. — Imp. F. Pichon, 282, rue Saint-Jacques, et 24, rue Soufflot.

www.ingramcontent.com/pod-product-compliance
Lightning Source LLC
LaVergne TN
LVHW010306230826
846091LV00007BB/2730

9782013274838